Die schönsten Weihnachtskarten

– einfach, schnell, originell!

W0378360

Lena Podobri

Impressum:

© 2004 Bücherzauber Verlag GmbH, 41540 Dormagen

ISBN: 3-935997-95-7 Best.-Nr.: 97957

Fotos: Peter Wirtz, Dormagen
Styling: Angelika Nowotny, Agata Franica
Grafik/Zeichnungen: Daria Broda
Lithos: IMS Integrated Media Solutions GmbH, Köln
Layout/Satz/Bildbearbeitung: Marion Haustein, Dormagen
Druck: Grenz-Echo, Eupen www.grenzecho.be

Das Gesamtwerk sowie die darin abgebildeten Motive sind urheberrechtlich geschützt. Jede gewerbliche Nutzung oder Vervielfältigung der abgebildeten Entwürfe – auch auszugsweise – ist nur mit schriftlicher Genehmigung des Herausgebers gestattet. Das Gleiche gilt auch für die Verbreitung, Vervielfältigung oder sonstige Verarbeitung mit elektronischen Systemen.

Der verwendete Stempel ist von der Firma Creativ Markt Butterer © 2003 - Alle Rechte vorbehalten.
Die Stempel dürfen ausschließlich für private, nicht kommerzielle Zwecke verwendet werden. Jede gewerbliche Nutzung ist untersagt. Verletzungen des Urheberrechtsschutzes haben zivil- und strafrechtliche Folgen.

Alle Materialangaben und Arbeitsweisen für die abgebildeten Motive wurden sorgfältig geprüft.
Eine Garantie oder gar Haftung für eventuell auftretende Schäden können seitens der Autorin oder des Verlages nicht übernommen werden.

1. Auflage 2004

Vorwort

Zum besonderen Fest besondere Karten – das ist mittlerweile schon ein Muss! Weihnachten ist wahrscheinlich die Zeit, in welcher die meisten Karten selbst gebastelt werden, macht es doch so viel Freude einen persönlichen Gruß zu verschenken!

Klassische Karten, fröhlich gestaltet und in den Weihnachtsfarbtönen gebastelt – Sie finden hier die ganze Palette der besonders originellen und schnell gestalteten Karten zur Weihnachtszeit.

Aber auch Geschenkanhänger für die Weihnachtsgeschenke dürfen nicht fehlen. Farblich aufeinander abgestimmt erfreuen so Karte und Geschenkanhänger den Empfänger.

In diesem Buch finden Sie die schönsten Weihnachtskarten, einfach, schnell und originell gestaltet. Ich wünsche Ihnen viel Freude beim Basteln und anschließend ein wunderschönes Weihnachtsfest!

Ihre

Lena Podobri

Lena Podobri

Danksagung

Herzlichen Dank an die Firma Heyda für die Unterstützung mit Papier und an die Firma Avec für die Unterstützung mit Materialien!

Material & Werkzeug

Tonpapier
Transparentpapier
Transparentpapier, geprägt/bedruckt
Lederpapier
Motivpapier „Happy Papers"
Motivpapier mit Sternen

Klebestreifen (Tesafilm)

Heißklebepistole

UHU-Alleskleber

Prägeschablonen

Prägestift

Ösenzange bzw. Ösensetzer

Motivlocher

Lochzange

Satinband

Draht

Bleistift

Bastel- und Motivscheren

Lichtkasten

Außerdem:

- Motivösen/Metallösen
- Alukarton „Prägesterne"
- weißer Filz
- Geschenkanhänger-Band
- Abstandsklebeband
- Motivknöpfe
- Motivpräger
- Motivklammern (Brads)
- Doppelkarten, A6
- passende Umschläge

So wird 's gemacht!

Schablonen herstellen

Das gewünschte Motiv auf Transparentpapier übertragen und anschließend auf Tonkarton kleben. Die so entstandenen Schablonen ausschneiden. Zum weiteren Verwenden die Schablonen aufbewahren.

Trocken-Embossing

Die gewünschte Prägeschablone und danach das zu gestaltende Papier auf den Lichtkasten legen, mit Klebestreifen fixieren und mit dem Prägestift das Motiv gestalten. Bei einzelnen Motiven das Muster mit einem kleinen Rand ausschneiden und nach der Anleitung weiterarbeiten.

Stempel-Embossing

Das gewünschte Stempelmotiv mit der klaren Stempelfarbe versehen und auf das Papier drücken. Nun sofort das Embossing-Pulver darauf geben, etwas andrücken und das überschüssige Pulver wieder zurück in die Dose schütten. Das gestempelte Motiv über einen Toaster halten und erhitzen, bis sich eine reliefartige Oberfläche bildet (auf genügend Abstand zwischen Toaster und Papier achten!).

Ösen setzen

Das gewünschte Motiv an den dafür vorgesehenen Stellen mit der Lochzange stanzen und die Ösen einsetzen. Nun mit der Ösenzange bzw. dem Ösensetzer die Ösen fixieren. Ösen gibt es in verschiedenen Zusammenstellungen und Größen. Achten Sie schon beim Kauf auf die angegebene Größe der Ösen und ihrer Durchmesser; die einfachste Handhabung hat der „universal eyelet setter" (Ösensetzer). Man benötigt allerdings als Zusatzausstattung einen Hammer.

Karten und Einlegeblätter

Sollten Sie Karten und Einlegeblätter selbst anfertigen wollen, schneiden Sie jeweils ein Rechteck für Karten in A6 in der Größe 15 x 21 cm und für Geschenkanhänger in der Größe 8,5 x 14 cm und falten diese in der Mitte. Am einfachsten geht es, wenn Sie vorher in der Mitte der Karte mit einem Falzbein und einem Lineal die Faltlinie ziehen.

Die Einlegeblätter werden doppelt gefaltet und um 1 cm kleiner als die Karten zugeschnitten, danach werden sie mit etwas Klebstoff in der Karte fixiert.

Sterne & Schneemänner

Material

- ★ Karten, A6: weiß, dunkelgrün
- ★ passende Umschläge, C6
- ★ Tonkarton: weiß, dunkelgrün
- ★ grünes „Happy-Papers-Papier“: Sterne, Schneemänner
- ★ Geschenkanhänger-Band
- ★ Abstandsklebeband
- ★ Motivschere
- ★ Motivlocher „Schneemänner“
- ★ grüner Bouillondraht
- ★ Schriftzug „Frohe Weihnachten und einen guten Neujahresanfang“

Karte mit Schneemännern

Das „Happy-Papers-Papier“ mit Schneemännern auf eine Größe von 7,5 x 13 cm zuschneiden und auf der Karte anordnen. Aus grünem Tonpapier einen Streifen der Größe 3 x 13 cm zuschneiden, mit weißem Tonpapier hinterlegen und mittig auf der Karte platzieren. Mit dem Motivlocher drei Schneemänner stanzen und mit Abstandsband untereinander fixieren.

Geschenkanhänger mit Schneemann

Das „Happy-Papers-Papier“ mit Schneemännern auf eine Größe von 4 x 8,5 cm zuschneiden und auf dem Anhänger anordnen. Aus grünem Tonpapier einen Streifen der Größe 2,5 x 5,5 cm zuschneiden, mit weißem Tonpapier hinterlegen und mittig auf den Anhänger platzieren. Mit dem Motivlocher einen Schneemann stanzen und mit Abstandsband auf dem Anhänger fixieren. Auf der Anhänger-Rückseite ein Loch stanzen und ein Band anbringen.

Karte mit Stern

Das weiße Tonpapier auf eine Größe von 10 x 15 cm zuschneiden, die linke Längsseite mit der Motivschere dekorieren und nun auf der rechten Kartenseite anbringen. Das „Happy-Papers-Papier“ mit Sternen auf eine Größe von 7 x 15 cm schneiden und auf dem weißen Tonpapier fixieren. Nun aus weißem Tonpapier nach der Vorlage einen Stern ausschneiden, mit Bouillondraht umwickeln und mit Abstandsband auf der Karte anordnen. Zum Abschluss den Schriftzug kopieren, mit weißem Tonpapier hinterlegen und auf der Karte befestigen.

Geschenkanhänger mit Stern

Das „Happy-Papers-Papier“ mit Sternen au eine Größe von 4 x 6 cm zuschneiden, mi weißem Tonpapier hinterlegen und auf den Anhänger platzieren. Nach der Vorlage au weißem Tonpapier einen Stern ausschneiden mit Bouillondraht umwickeln und mit Ab standsband auf dem Anhänger anordner Auf der Anhänger-Rückseite ein Loch stanze und ein Band anbringen.

Frohe Weihnachten
und einen guten
Neujahresanfang

Glitzernde Schneekristalle

Material

- ⋆ Karten, A6: weiß, chamois
- ⋆ passende Umschläge, C6
- ⋆ weißer Tonkarton
- ⋆ chamoisfarbenes Lederpapier
- ⋆ weißes Transparentpapier mit Schneeflocken
- ⋆ Geschenkanhänger-Band
- ⋆ Abstandsklebeband
- ⋆ Motivlocher „Schneeflocke"
- ⋆ 2 silberne Metallösen
- ⋆ 2 silberne Motivklammern „Schneeflocke"
- ⋆ Motivpräger „Schneeflocke"
- ⋆ Silberdraht
- ⋆ Schriftzug „Frohe Weihnachten und einen guten Neujahresanfang"

Karte in Chamois

Mit dem Motivlocher am unteren Rand der Karte drei Schneeflocken ausstanzen. Das Transparentpapier doppelt falten, auf eine Größe von 7 x 14 cm zuschneiden und um die Karte legen. Für die Schneeflocken-Motive das chamoisfarbene Lederpapier zu zwei 3 x 3 cm großen Quadraten schneiden, die Motivklammern fixieren, mit weißem Tonpapier hinterlegen und mit Abstandsband auf dem Transparentpapier befestigen. Nun hinter den Motiven etwas Klebstoff auftragen und so das Transparentpapier an der Karte fixieren.

Karte in Weiß

Mit dem Motivlocher am unteren Rand der Karte drei Schneeflocken ausstanzen. Den Schriftzug von der Vorlage kopieren, mit weißem Tonpapier und chamoisfarbenem Lederpapier hinterlegen. Danach links und rechts je eine Öse setzen. Nun das Schriftzugschildchen mit Abstandsband mittig auf der Karte anordnen. Die Motivklammern im gleichen Abstand zum Rand links und rechts platzieren, etwas Draht durch die Ösen durchfädeln und um die Klammern befestigen.

Geschenkanhänger mit Motivklammer „Schneeflocke"

Aus dem Transparentpapier einen Streifen der Größe 3,5 x 8,5 cm zuschneiden und auf den Anhänger legen. Aus dem chamoisfarbenen Lederpapier ein Quadrat von 3,5 x 3,5 cm Größe schneiden, die Motivklammer fixieren, mit weißem Tonpapier hinterlegen und mit Abstandsband auf dem Transparentpapier befestigen. Nun hinter dem Motiv etwas Klebstoff auftragen und so das Transparentpapier an dem Anhänger fixieren. Auf der Anhänger-Rückseite ein Loch stanzen und ein Band anbringen.

Geschenkanhänger mit geprägten Schneeflocken

Das weiße Tonpapier auf eine Größe von 2,5 x 7 cm zuschneiden, mit dem Motivpräger drei Schneeflocken prägen und mit Transparentpapier hinterlegen. Nun mit Abstandsband auf dem Anhänger fixieren. Auf der Anhänger-Rückseite ein Loch stanzen und ein Band anbringen.

Frohe Weihnachten
und einen guten
Neujahresanfang

Weihnachtssterne

Material

- Karten, A6: beige, rot mit goldenen Sternen
- passende Umschläge, C6
- Tonkarton: beige, rot
- chamoisfarbenes Lederpapier
- Alukarton mit Prägesternen: gold, rot
- 3 goldene Motivklammern „Stern“
- Golddraht
- roter Bouillondraht
- 3 rote Stoffsterne,
  mit goldenen Sternen bedruckt
- rubinrotes Stempelkissen
- Embossingpulver, transparent mit Glitter
- roter Streustern mit goldenem Rand
- Geschenkanhänger-Band
- Abstandsklebeband
- Schriftstempel „Fröhliche Weihnachten“

Karte mit goldenen Sternen

Das chamoisfarbene Lederpapier auf eine Größe von 7,5 x 11,5 cm zuschneiden und auf der Karte platzieren. Den roten Alukarton auf 5,5 x 10,5 cm zuschneiden, 3 Motivklammern anordnen, mit Draht dekorieren und mit Abstandsband auf der Karte platzieren.

Karte mit roten Stoffsternen

Den Schriftzug stempeln und einbrennen. Das beige Tonpapier auf eine Größe von 5 x 5,5 cm zuschneiden, mit rotem Tonpapier hinterlegen und in der unteren Kartenhälfte platzieren. Den Bouillondraht mehrmals um die Finger wickeln und mit den Sternen mit Hilfe des Abstandsbandes auf der Karte anordnen.

Geschenkanhänger mit geprägten Sternen

Aus dem goldenen Alukarton einen Papierstreifen der Größe 6 x 8 cm zuschneiden und auf dem Anhänger befestigen. Nun den roten Bouillondraht mehrmals um die Vorderseite des Anhängers wickeln und die Enden miteinander verdrehen. Als Abschluss den Stern mit Abstandsband auf dem Anhänger fixieren. Auf der Anhänger-Rückseite ein Loch stanzen und ein Band anbringen.

Geschenkanhänger mit rotem Stoffstern

Aus dem beigen Tonkarton nach der Vorlage einen Stern zuschneiden. Den Stoffstern mit Abstandsband darauf platzieren. Nun etwas Draht, an dem die Enden eingedreht werden, mit Heißkleber unter dem Sternmotiv anordnen und das Ganze auf dem Anhänger platzieren. Auf der Anhänger-Rückseite ein Loch stanzen und ein Band anbringen.

Fröhliche
Weihnachten

Winterlandschaft

Material

- Karten, A6: hellblau, beige mit Prägung
- passende Umschläge, C6
- Tonpapier: beige, hellblau
- beiger Tonkarton mit Prägung
- Geschenkanhänger-Band
- Abstandsklebeband
- Motivschere
- Hintergrundschablone „Schneelandschaft"
- Prägeschablone „Sterne"
- 6 beige Metallösen
- cremefarbenes Organzaband, 6 mm breit, 10 cm lang
- Motivstempel „Schneelandschaft"
- goldenes Stempelkissen
- transparentes Embossingpulver mit Glitter

Karte mit Stern

Das hellblaue Tonpapier auf eine Größe von 6 x 9 cm zuschneiden und die untere Seite mit der Motivschere dekorieren. Nun mittig einen Stern prägen, mit beigem Tonpapier hinterlegen und wieder den unteren Rand mit der Motivschere dekorieren. Im gleichen Abstand zum Rand zwei Metallösen anbringen, das Organzaband durchfädeln und binden. Auf dem hellblauen Tonpapier nochmals einen Stern prägen und ausschneiden, mit Abstandsband und etwas versetzt zum anderen Stern fixieren. Zum Abschluss das Ganze nochmals mit hellblauem Tonpapier hinterlegen und mit Abstandsband mittig auf der Karte anordnen.

Karte mit Schneelandschaft

Die Kartenvorderseite mit der Hintergrundschablone prägen. Aus dem hellblauen Tonpapier mit der Motivschere ein Rechteck in der Größe 6,5 x 9 cm schneiden, das Motiv stempeln, mit Embossingpulver einbrennen und mit beigem Tonpapier hinterlegen. In jeder Ecke des Motivs eine Metallöse anbringen, danach das Ganze mit Abstandsband auf der Karte fixieren.

Geschenkanhänger mit Stern

Das hellblaue Tonpapier doppelt falten und mit der Motivschere etwas kleiner als den Anhänger schneiden, mit einem großen Stern und einigen kleinen Sternen prägen und auf dem Anhänger befestigen. Nun noch einen einzelnen großen Stern prägen, ausschneiden und mit Abstandsband etwas versetzt auf dem anderen Stern fixieren. Auf der Anhänger-Rückseite ein Loch stanzen und ein Band anbringen.

Feierlich in Silber-Weiß

Material

- weiße Karten mit Feinwellprägung, A6
- passende Umschläge, C6
- Tonpapier: weiß, rot
- weißes Transparentpapier mit silbernen Sternen
- weißer Filz
- silberner Alukarton mit Prägesternen
- Geschenkanhänger-Band
- Abstandsklebeband
- 2 Hologramm-Strass-Steine
- silberner Stoffstern
- Silberdraht
- rotes Strohseidenpapier
- Schriftzug „Frohe Weihnachten und einen guten Neujahresanfang"

Karte mit Sternen

Das Transparentpapier doppelt falten und auf die Größe der Karte zuschneiden. Die obere rechte Ecke kurvenförmig schneiden, dabei die Sterne berücksichtigen. Die Hologramm-Strass-Steine mittig auf zwei größeren Sternen anordnen. Den Schriftzug vom Vorlagenbogen kopieren, mit weißem Tonpapier hinterlegen und mit Abstandsband auf dem Transparentpapier befestigen. Nun noch hinter dem Schriftzug etwas Klebstoff anbringen und so das Transparentpapier an der Karte fixieren.

Karte mit Tannenbaum

Aus der Strohseide einen Streifen in der Größe 7,5 x 14 cm schneiden, den oberen und unteren Rand reißen und mit etwas Klebstoff auf der Karte befestigen. Nach der Vorlage aus dem Alukarton einen Tannenbaum ausschneiden, mit Filz hinterlegen und mit Abstandsband auf der Strohseide anordnen.

Geschenkanhänger mit Stern

Aus dem roten Tonpapier nach der Vorlage einen Stern zuschneiden. Den Stoffstern mit Abstandsband darauf platzieren. Nun etwas Draht, an dem die Enden eingedreht werden, mit Heißkleber unter dem Stern-Motiv anordnen und das Ganze auf dem Anhänger platzieren. Auf der Anhänger-Rückseite ein Loch stanzen und ein Band anbringen.

Geschenkanhänger mit Tannenbaum

Die Strohseide auf eine Größe von 4 x 8 cm schneiden, danach alle Ränder, bis auf den rechten, reißen und mit etwas Klebstoff auf dem Anhänger befestigen. Nach der Vorlage aus dem Alukarton einen Tannenbaum ausschneiden, mit Filz hinterlegen und mit Abstandsband auf der Strohseide anordnen. Auf der Anhänger-Rückseite ein Loch stanzen und ein Band anbringen.

Frohe Weihnachten
und einen guten
Neujahresanfang

Sterne in Beige-Grün

Material

- Karten, A6: beige, grün mit Sternen
- passende Umschläge, C6
- beiges Tonpapier
- Tonkarton: beige, grün
- chamoisfarbenes Lederpapier
- goldener Alukarton mit Prägesternen
- 4 goldene Motivklammern „Stern“
- Golddraht
- Eck-Motivlocher „Stern“
- goldener Stoffstern
- 3 beige-goldene Dekosterne
- goldenes Stempelkissen
- transparentes Embossingpulver
- grüner „Streu-Tannenbaum“ mit goldenem Rand
- Geschenkanhänger-Band
- Abstandsklebeband
- grüner Stift
- Schriftstempel „Frohe Weihnachten“

Karte mit Alusternen

Den Alukarton auf eine Größe von 6,5 x 14 cm zuschneiden und an den Ecken mit dem Motivlocher Sterne stanzen. Das Ganze mit grünem Tonkarton hinterlegen und mit Abstandsband mittig auf der Karte anordnen. Zum Schluss die Dekosterne mit Abstandsband im gleichen Abstand untereinander anbringen.

Karte mit goldenem Stoffstern

Den Schriftzug auf das beige Tonpapier stempeln und einbrennen. Das beige Tonpapier auf eine Größe von 3,5 x 8 cm zuschneiden, mit grünem Tonkarton hinterlegen und in der rechten unteren Kartenhälfte platzieren.

Aus dem grünen Tonkarton nach der Vorlage einen Stern zuschneiden. Den Stoffstern mit Abstandsband darauf platzieren. Nun etwas Draht, an dem die Enden eingedreht werden, mit Heißkleber unter dem Stern-Motiv anordnen und das Ganze auf der Karte platzieren.

Geschenkanhänger mit Tannenbaum

Aus dem Alukarton ein Quadrat der Größe 4 x 4 cm zuschneiden. Den Tannenbaum mit Heißkleber darauf fixieren. Nun noch mit Draht (die Enden werden eingedreht) dekorieren und mit Abstandsband mittig auf dem Anhänger platzieren. Auf der Anhänger-Rückseite ein Loch stanzen und ein Band anbringen.

Geschenkanhänger mit Sternen

Aus dem Lederpapier ein Quadrat in der Größe 5 x 5 cm zuschneiden. In jeder Ecke eine Motivklammer befestigen, mit Draht umwickeln und mit Abstandsband auf dem Anhänger fixieren. Mit dem Stift den Schriftzug anbringen. Auf der Anhänger-Rückseite ein Loch stanzen und ein Band anbringen.

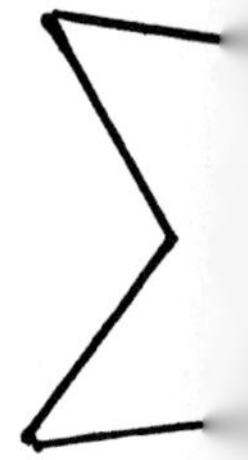

Schriftvorlagen

Frohes Fest

Herzliche Weihnachtsgrüße

Frohes Weihnachtsfest

Frohe Weihnachten und einen guten Neujahresanfang

+ 14 / 15 + 16 / 17

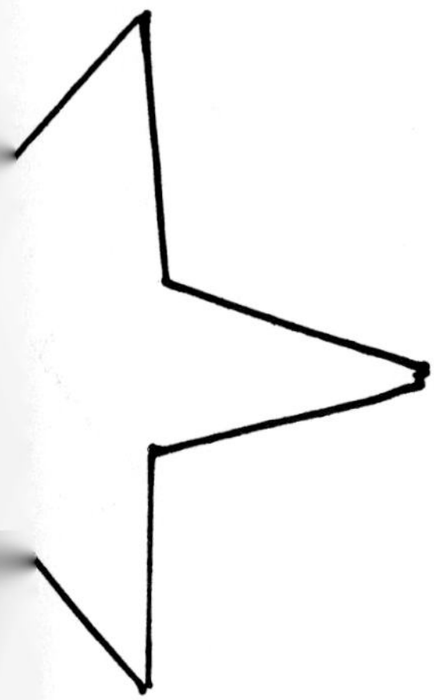

Seite 6 / 7 + 32

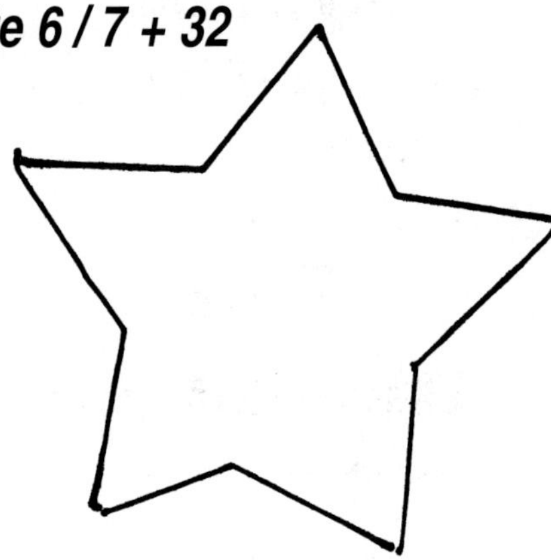

te 14 / 15

Frohe Festtage
Frohe Weihnachten

Weihnachtsgrüße

Material

- Karten, A6:
  weiß, rot mit Prägung „Primavera"
- passende Umschläge, C6
- Tonpapier: weiß, rot
- rotes „Happy-Papers-Papier"
  mit Schneeflocken
- weißes Transparentpapier mit Aufdruck
  „Frohe Weihnachten"
- Motivlocher „Schneeflocke"
- 3 rote „Streusterne" mit goldenem Rand
- Golddraht
- Geschenkanhänger-Band
- Abstandsklebeband
- Schriftzug „Herzliche Weihnachtsgrüße"

Karte mit Sternen

Das Transparentpapier in der Höhe der Karte und 13 cm breit zuschneiden und in der Mitte falten. Den Draht auf ca. 20 cm schneiden und die Enden eindrehen. Nun die Sterne und den Draht mit Abstandsband auf dem Transparentpapier befestigen. Unter den Sternen etwas Klebstoff anbringen und so das Transparentpapier an der Karte befestigen.

Karte mit Schneeflocken

Das Schneeflocken-Motiv zweimal aus dem „Happy-Papers-Papier" stanzen und auf eine Größe von 3,5 x 3,5 cm zuschneiden. Nun mit weißem und rotem Tonpapier hinterlegen und mit Abstandsband oben und unten auf der Karte anordnen. Den Schriftzug von der Vorlage kopieren, mit weißem und rotem Tonpapier hinterlegen und mittig auf der Karte fixieren.

Geschenkanhänger mit Stern

Aus dem Transparentpapier einen Streifen der Größe 4 x 8,5 cm schneiden und den Stern mit Abstandsband darauf fixieren. Unter dem Stern etwas Klebstoff anbringen und so das Transparentpapier am Anhänger befestigen. Auf der Anhänger-Rückseite ein Loch stanzen und ein Band anbringen.

Geschenkanhänger mit Schneeflocke

Das Schneeflocken-Motiv aus dem „Happy-Papers-Papier" stanzen und auf eine Größe von 4 x 4 cm zuschneiden. Nun mit weißem und rotem Tonpapier hinterlegen und mit Abstandsband mittig auf dem Anhänger anordnen. Auf der Anhänger-Rückseite ein Loch stanzen und ein Band anbringen.

Herzliche
Weihnachtsgrüße

Zarte Weihnachtsglocken

Material

- Karten, A6: weiß, flieder
- passende Umschläge, C6
- Tonpapier: weiß, flieder
- Motivpräger „Glocke“
- Prägeschablone: „Rahmen“, „Glocken“, „Glockenrand“
- lila Draht
- Geschenkanhänger-Band
- Abstandsklebeband
- fliederfarbenes Stempelkissen
- transparentes Embossingpulver
- Schriftstempel „Frohe Weihnachten“
- Schriftzug „Frohes Weihnachtsfest“

Karte in Weiß

Auf der Kartenvorderseite zwei Rahmen prägen. Das fliederfarbene Tonpapier zweimal in der Größe 2,7 x 2,7 cm zuschneiden. Mit dem Motivpräger prägen und mit weißem und fliederfarbenem Tonpapier hinterlegt in die Rahmen fixieren.

Den Schriftzug von der Vorlage kopieren, mit weißem und fliederfarbenem Tonpapier hinterlegen und mit Abstandsband mittig auf der Karte anordnen.

Karte in Flieder

Mit der Hintergrundschablone den Weihnachtsglocken-Rand auf der Kartenvorderseite prägen. Den Schriftzug stempeln und einbrennen. Nun auf fliederfarbenem Tonpapier zwei Glocken und ein Band prägen, ausschneiden und mit Abstandsband auf der Karte befestigen.

Geschenkanhänger in Weiß

Mittig auf dem Anhänger einen Rahmen prägen. Das fliederfarbene Tonpapier etwas kleiner als den Rahmen zuschneiden, mit dem Motivpräger Glocken prägen, mit Draht dekorieren und mit Abstandsband auf dem Anhänger platzieren. Auf der Anhänger-Rückseite ein Loch stanzen und ein Band anbringen.

Geschenkanhänger in Flieder

In der rechten unteren Ecke drei Sterne prägen. Auf dem fliederfarbenen Tonpapier zwei Glocken und ein Band prägen, ausschneiden und mit Abstandsband auf dem Anhänger befestigen. Auf der Anhänger-Rückseite ein Loch stanzen und ein Band anbringen.

Frohe Weihnachten
Frohes Weihnachtsfest

Stimmungsvolle Töne

Material
- ⋆ weiße Karte mit Feinwellprägung, A6
- ⋆ passende Umschläge, C6
- ⋆ weißes Papier mit Feinwellprägung
- ⋆ Transparentpapier mit Noten
- ⋆ Messingplatte „Stern“
- ⋆ 4 braune Metallösen
- ⋆ Holzgeige, ca. 7 cm groß
- ⋆ Geschenkanhänger-Band
- ⋆ Abstandsklebeband
- ⋆ Schriftzug „Frohes Weihnachtsfest“

Karte mit Stern

Diese Karte wird im Querformat gearbeitet. Das Transparentpapier auf eine Größe von 5,5 x 8,5 cm, das Papier mit Feinwellprägung auf 6,5 x 9,5 cm zuschneiden, übereinander legen und in jeder Ecke mit Ösen fixieren. Nun mittig die Messingplatte mit dem Stern anordnen und das Ganze mit Abstandsband auf der Karte anbringen.

Karte mit Geige

Das Transparentpapier etwas kleiner als die Karte zuschneiden. Das Papier mit Feinwellprägung auf eine Größe von 5,5 x 7 cm zuschneiden und mit Abstandsband auf dem Transparentpapier fixieren. Die Geige schräg versetzt mit Heißkleber fixieren.

Den Schriftzug vom Vorlagenbogen kopieren, mit weißem Tonpapier hinterlegen und mit Abstandsband auf dem Transparentpapier anordnen. Nun hinter dem Geigen-Motiv und dem Schriftzug etwas Klebstoff auftragen und so das Transparentpapier an der Karte befestigen.

Geschenkanhänger

Dieser Geschenkanhänger hat Querformat. Das Transparentpapier etwas kleiner als den Anhänger zuschneiden. Das Papier mit Feinwellprägung auf eine Größe von 3 x 3 cm zuschneiden, mit der Motivklammer dekorieren und mit Abstandsband auf dem Transparentpapier fixieren. Hinter dem Motiv etwas Klebstoff auftragen und so das Transparentpapier an dem Anhänger fixieren.

Auf der Anhänger-Rückseite ein Loch stanzen und ein Band anbringen.

Frohes
Weihnachtsfest

Strass-Sterne in Weiß-Grün

Material
* Karten, A6: weiß, grün
* passende Umschläge, C6
* Tonpapier: weiß, grün
* Transparentpapier „Frohe Weihnachten"
* Transparentpapier mit Streifen
* Prägeschablone: „Stern", „Alphabet mit Rahmen"
* Hintergrundschablone „Blumen"
* weiße Strass-Sterne in verschiedenen Größen
* Silberdraht
* Eck-Motivlocher „Stern"
* Geschenkanhänger-Band
* Abstandsklebeband
* Schriftzug „Herzliche Weihnachtsgrüße"

Frohes Fest

Mit der Hintergrundschablone Längs- und Querstreifen prägen, sodass ein Gitter-Motiv entsteht. Das grüne Tonpapier auf eine Größe von 8 x 13 cm zuschneiden, an den Ecken mit dem Stanzer verzieren und mit Abstandsband auf der Karte fixieren. Auf weißem Tonpapier erst die Rahmen und dann die Buchstaben prägen, ausschneiden und mit Abstandsband auf dem grünen Tonpapier anordnen. Zum Schluss einen Strass-Stern in der rechten Ecke anbringen.

Herzliche Weihnachtsgrüße

Das Transparentpapier doppelt legen, etwas kleiner als die Karte zuschneiden und die unteren Ecken ausstanzen. Den Schriftzug von der Vorlage kopieren und mit weißem Tonpapier hinterlegen. Aus dem grünen Tonpapier einen Streifen in der Größe 4 x 9 cm zuschneiden und an den Ecken mit dem Stanzer verzieren. Den Schriftzug mit Abstandsband darauf fixieren. Einen 15 cm langen Draht an den Enden eindrehen, um das grüne Tonpapier legen und das Ganze mit Abstandsband auf der Karte platzieren. Hinter dem Schriftzug-Schildchen etwas Klebstoff auftragen und so das Transparentpapier auf der Karte befestigen.

Geschenkanhänger in Grün

Das Transparentpapier in der Größe des Anhängers zuschneiden. Die Vorderseite etwa 2 cm kleiner als die Karte schneiden. Nun mit drei Strass-Sternen das Transparentpapier auf dem Anhänger befestigen. Auf der Anhänger-Rückseite ein Loch stanzen und ein Band anbringen.

Geschenkanhänger in Weiß

Mit der Hintergrundschablone Längs- und Querstreifen prägen, sodass ein Gitter-Motiv entsteht. Auf weißem Tonpapier einen Stern prägen und mit sechs Strass-Sternen verzieren. Mit Abstandsband auf dem Anhänger platzieren. Auf der Anhänger-Rückseite ein Loch stanzen und ein Band anbringen.

FROHES
FEST
Merry Christmas
Merry Christmas
Frohe Weihnachten
Merry Christmas
Frohe Weihnachten
Herzliche Weihnachtsgrüße

Kerzen & Glocken

Material
* rote Karten, A6
* passende Umschläge, C6
* Tonpapier: weiß, rot
* Prägeschablone „Glocken und Kerzen"
* Hintergrundschablone „Streifen"
* 4 weiße Strass-Stein-Quadrate
* weißes Satinband, 3 mm breit, 60 cm lang
* Geschenkanhänger-Band
* Abstandsklebeband
* Schriftzug „Frohes Weihnachtsfest"

Rote Karte mit Glocken

Das weiße Tonpapier auf eine Größe von 7 x 10 cm zuschneiden, mit der Hintergrundschablone Linien prägen und auf der Karte fixieren. Auf rotem Tonpapier drei Glocken prägen und mit Abstandsband auf der Karte anordnen. Aus dem Satinband drei Schleifen binden und auf den Glocken befestigen. Zum Schluss die Glocken mit den Strass-Steinen verzieren.

Rote Karte mit Kerzen

Das weiße Tonpapier auf eine Größe von 7,5 x 14 cm schneiden, mit der Hintergrundschablone Längs- und Querstreifen prägen, sodass ein Gitter-Motiv entsteht, und auf der Karte fixieren. Auf weißem Tonpapier zwei Kerzen prägen. Eine Kerze mit Klebstoff und die andere mit Abstandsband auf der Karte anordnen. Den Schriftzug von der Vorlage kopieren, mit weißem und rotem Tonpapier hinterlegen und mit Abstandsband im oberen Drittel der Karte befestigen.

Geschenkanhänger mit Glocke

Auf der Anhänger-Vorderseite mit der Hintergrundschablone Linien prägen. Auf rotem Tonpapier eine Glocke prägen, ausschneiden und mit Abstandsband auf dem Anhänger anordnen. Aus dem Satinband eine Schleife binden und auf der Glocke befestigen. Zum Schluss die Glocke mit dem Strass-Stein verzieren. Auf der Anhänger-Rückseite ein Loch stanzen und ein Band anbringen.

Geschenkanhänger mit Kerze

Das weiße Tonpapier auf eine Größe von 7,5 x 8 cm schneiden, mit der Hintergrundschablone Längs- und Querstreifen prägen, sodass ein Gitter-Motiv entsteht, und auf dem Anhänger fixieren. Auf weißem Tonpapier eine Kerzen prägen und mit Abstandsband auf dem Anhänger befestigen. Auf der Anhänger-Rückseite ein Loch stanzen und ein Band anbringen.

Frohes
Weihnachtsfest

Weihnachtsstimmung

Material

- Karten mit Feinwellprägung, A6: weiß, creme
- passende Umschläge, C6
- Tonpapier: weiß, creme
- Alukarton „Prägesterne"
- Prägeschablonen: „Quadrate", „Streifen"
- Passepartout-Schablone, oval
- 3 Metallplättchen „Weihnachten"
- cremefarbenes Satinband, 3 mm breit, 40 cm lang
- goldener Streu-Tannenbaum mit Strass-Steinen
- Geschenkanhänger-Band
- Abstandsklebeband
- Schriftzug „Frohes Weihnachtsfest"

Karte mit Metallplättchen

Die Kartenvorderseite mit der Streifen-Schab lone prägen. Mit der Lochzange zwei Löche stanzen, das Satinband doppelt legen, durch die Löcher fädeln und binden. Mit der Rah menschablone auf weißem Tonpapier zwe Quadrate prägen, mit cremefarbenem Ton papier hinterlegen und mit Abstandsband un ten und oben auf der Karte fixieren. Die Metallplättchen mit etwas Klebstoff darauf be festigen. Den Schriftzug von der Vorlage ko pieren, mit weißem und cremefarbenem Ton papier hinterlegen und mittig auf der Karte anordnen.

Karte mit Tannenbaum

Den Alukarton auf eine Größe von 8,5 x 13 cm zuschneiden und auf der Karte fixieren. Das weiße Tonpapier mit der Passepartout-Schab lone prägen und auf dem Alukarton befesti gen. Zum Schluss den Tannenbaum mit Ab standsband mittig anordnen.

Geschenkanhänger mit Glocke

Auf der Anhänger-Vorderseite mit der Streifen Schablone Linien prägen. Auf weißem Ton papier ein Quadrat prägen, mit cremefarbe nem Tonpapier hinterlegen und mit Ab standsband auf dem Anhänger platzieren Das Metallplättchen mit etwas Klebstoff da rauf fixieren. Auf der Anhänger-Rückseite ein Loch stanzen und ein Band anbringen.

Frohes
Weihnachtsfest

Baumkugel & Schneekristalle

Material

* Karten, A6: weiß, blau mit Sternchen
* passende Umschläge, C6
* Tonpapier: weiß, blau
* blaues „Happy-Papers-Papier“ „Schneekristalle“
* weißer Filz
* Motivschere
* Prägeschablone „Baumkugel“
* weißes Satinband, 3 mm breit, 20 cm lang
* 8 weiße Streu-Eiskristalle, Ø 1,5 cm
* 3 große weiße Strass-Sterne
* Geschenkanhänger-Band
* Abstandsklebeband
* Schriftzug „Herzliche Weihnachtsgrüße“

Karte mit Schneekristallen

Das „Happy-Papers-Papier“ mit Schneeflocken auf eine Größe von 7,5 x 14 cm schneiden und auf der Karte anordnen. Aus dunkelblauem Tonpapier mit der Motivschere ein Rechteck der Größe 5 x 7 cm schneiden, mit weißem Tonpapier hinterlegen, den Rand mit der Motivschere dekorieren und mit Abstandsband mittig fixieren. Die einzelnen Eiskristalle mit Abstandsband auf der Karte befestigen.

Karte mit Baumkugel

Den Filz auf eine Größe von 6,5 x 15 cm zuschneiden und auf der Karte befestigen. Auf weißem Tonpapier eine Baumkugel prägen, mit blauem Tonpapier hinterlegen und mit Abstandsband auf der Karte fixieren. Aus dem Satinband eine Schleife binden und die Kugel damit dekorieren. Den Schriftzug von der Vorlage kopieren, mit weißem und blauem Tonpapier hinterlegen und mit Abstandsband auf der Karte anordnen.

Geschenkanhänger mit Schneekristallen

Das dunkelblaue Tonpapier auf eine Größe von 3,5 x 6,5 cm zuschneiden, die obere Seite abschrägen und auf dem Anhänger fixieren. Die einzelnen Eiskristalle mit Abstandsband auf dem Anhänger befestigen. Auf der Anhänger-Rückseite ein Loch stanzen und ein Band anbringen.

Geschenkanhänger mit Strass-Sternen

Den Filz auf eine Größe von 4,5 x 7 cm schnei den und auf dem Anhänger platzieren. Dre Strass-Sterne untereinander anordnen. Au der Anhänger-Rückseite ein Loch stanzen un ein Band anbringen.

Herzliche
Weihnachtsgrüße

Karierte Sterne in Grün-Rot

Material
- dunkelgrüne Karte, A6
- passender Umschlag, C6
- Tonpapier: weiß, rot, dunkelgrün
- geprägtes Tonpapier „Primavera"
- 3 rotgrün karierte Stoffsterne
- Geschenkanhänger-Band
- Abstandsklebeband
- Schriftzug „Frohes Fest"

Karte mit karierten Sternen

Aus rotem Tonpapier nach der Vorlage zwei Sterne schneiden und oben und unten auf der Karte anordnen. Die Stoffsterne mit Abstandsband darauf fixieren. Den Schriftzug von der Vorlage kopieren, mit weißem und rotem Tonpapier hinterlegen und mit Abstandsband mittig auf der Karte anordnen.

Geschenkanhänger mit kariertem Stern

Aus dunkelgrünem Tonpapier nach der Vorlage einen Stern ausschneiden und mittig auf dem Anhänger befestigen. Den Stoffstern mit Abstandsband darauf fixieren. Auf der Anhänger-Rückseite ein Loch stanzen und ein Band anbringen.